Collection folio benjamin

21/23 .

ISBN: 2-07-039380-9
© Éditions Gallimard, 1963, pour le texte,
1987, pour les illustrations
Numéro d'édition: 53226
1er dépôt légal: Septembre 1987
Dépôt légal: Juillet 1991
Imprimé en Italie par La Editoriale Libraria

Prévert

Le gardien du phare aime trop les oiseaux

Illustré par
Jacqueline Duhême

Gallimard

Des oiseaux par milliers
volent vers les feux

par milliers ils tombent

par milliers ils se cognent

par milliers aveuglés
par milliers assommés

par milliers

ils meurent

Le gardien ne peut supporter
des choses pareilles

les oiseaux
il les aime trop

alors il dit

Tant pis je m'en fous !

Et il éteint tout

Au loin

un cargo fait naufrage

un cargo
venant des îles

un cargo

chargé d'oiseaux

des milliers
d'oiseaux des îles

des milliers
d'oiseaux noyés.

Jacques Prévert :
Pour de vrai et pour rire

En 1900, il s'est passé deux évènements importants : le début d'un nouveau siècle et la naissance de *Jacques Prévert*. Le XXe siècle, tout le monde l'a reconnu tout de suite, et ça ne lui a pas très bien réussi. Quelques années plus tard, Jacques Prévert, lui, a très bien réussi à être reconnu par tout le monde comme le poète le plus populaire du XXe siècle.

A travers ses poèmes et ses livres, Jacques Prévert emmène les petits et les grands à *Guignol* et tout le monde rit en chœur, tout le monde crie « attention ! », tout le monde est ému, tout le monde est content, et tout le monde donne avec lui des coups de bâton aux méchants, aux sans-cœur, aux vilains militaires, aux bourreaux d'enfants, aux banquiers, aux financiers, aux égoïstes, aux mauvais prêtres, aux professeurs tristes, aux tueurs de baleines, à tous ceux qui sont chauves à l'intérieur de la tête.

Mais il dit oui à ceux qu'il aime, à Barbara, aux musiciens, aux chats, à la baleine aux yeux bleus, à l'homme qui a faim, aux amoureux, aux ratons laveurs, au petit homme de la jeunesse, au grand plombier zingueur, à la bergère et au ramoneur.

Il dit oui aux enfants.

Jacques Prévert est mort en 1977. Mais on sait bien que les deux escargots qui vont à l'enterrement n'y arrivent jamais et que sur le vert pré de la poésie de Prévert, c'est toujours le printemps.

Jacques Charpentreau

BIOGRAPHIES

Très jeune, alors qu'elle était ouvrière chez Pathé Marconi, **Jacqueline Duhème** a rencontré Paul Eluard. Par Eluard, elle a connu Jacques Prévert et leur amitié, très solide, chaleureuse et en même temps exigeante, a duré jusqu'à la mort du poète, en 1977.

Très jeune aussi, elle a connu le peintre Henri Matisse. Ce dernier l'a choisie comme modèle pour la Vierge quand il a décoré la chapelle du Rosaire, en 1950, à Vence, puis elle est venue l'aider dans son atelier.

Plus tard, elle a été aussi l'amie de Raymond Queneau, de Claude Roy, de Miguel Angel de Asturias, autant de personnalités qui ont marqué sa vie et sa sensibilité.

Peintre, Jacqueline Duhème a participé à des expositions dans divers pays. Elle est aussi l'auteur de tapisseries très colorées qu'elle expose souvent. On trouve son nom au palmarès de nombreux prix récompensant les meilleurs illustrateurs.

Pour les benjamins
qui aiment les poèmes